Naisten loppumattomat voimavarat

Sri Mata Amritanandamayin puhe

Naisten maailmanrauhan konferenssissa:
"Naiseudelle tilaa koko maailman hyväksi"

Jaipurissa, Intiassa 7.3.2008

Mata Amritanandamayi Center, San Ramon
Kalifornia, Yhdysvallat

Naisten loppumattomat voimavarat

Kääntänyt Swami Amritaswarupananda Puri

Julkaisija:
Mata Amritanandamayi Center
P.O. Box 613, San Ramon, CA 94583
Yhdysvallat

——*The Infinite Potential of Women (Finnish)* ——

Ensimmäinen painos MA Centerin: huhtikuu 2016

Suomen kotisivut: www.amma.fi

Intiassa:
inform@amritapuri.org
www.amritapuri.org

Amma ja Naisten maailmanrauhan konferenssin
kokoonkutsuja Dena Merriam rukoilemassa
konferenssin aloitusseremoniassa.

Konferenssi keräsi yhteen satoja ihmisiä keskustelemaan siitä, kuinka naisvaltainen johtajuus voisi vaikuttaa uskontoon, politiikkaan, talouteen ja yhteiskuntaan. Se oli haastava kokoontuminen, joka veti puoleensa sekä uskonnollisia että henkisiä johtajia, lainsäätäjiä, akateemikkoja ja kouluttajia, terveydenhuollon ammattilaisia ja ihmisoikeusaktivisteja.

Esipuhe

Naisten maailmanrauhan konferenssi 2008:
"Naiseudelle tilaa koko maailman hyväksi"
keräsi yhteen satoja ihmisiä keskustelemaan siitä,
kuinka naisvaltainen johtajuus voisi vaikuttaa
uskontoon, politiikkaan, talouteen ja yhteis-
kuntaan. Se oli haastava kokoontuminen, joka
veti puoleensa sekä uskonnollisia että henkisiä
johtajia, lainsäätäjiä, akateemikkoja ja kouluttajia,
terveydenhuollon ammattilaisia ja ihmisoikeus-
aktivisteja sekä nuoria osanottajia konfliktien
vallassa olevista maista.

Konferenssi pidettiin 6-10.3. Clarks Amer
Hotellissa Jaipurissa, joka sijaitsee Rajastanin
osavaltiossa Pohjois-Intiassa. Se osui samaan
aikaan Amman vuotuisen darshan-ohjelman
kanssa tässä muinaisessa kaupungissa.

Ensimmäisessä Naisten maailmanrauhan kon-
ferenssissa Genevessä, YK:n päämajassa vuonna
2002 Amma piti käänteentekevän puheen:

"Universaalin äidillisyyden herääminen". Monella tapaa tämä puhe on jatkoa sille.

2002 Amma ylisti feminiinisen energian valtavaa voimaa ja sanoi, että koko maailman eduksi naisten olisi ensiarvoisen tärkeää liittyä miehiin yhteiskunnan huipulla. Tässä Amma pyysi naisia uskomaan itseensä ja vetosi miehiin, että he sekä lopettaisivat naisten etenemisen estämisen kuin myös avustaisivat heitä pyrkimyksissään. Mikä teki Amman näkemyksestä ainutlaatuisen oli hänen vetoomuksensa, ettei naisten pitäisi kohota jäljittelemällä miehiä, vaan hyväksymällä ja vaalimalla sisäistä äidillisyyttään. Amma sanoi että naisena olemisen ydin on hänen äidillinen rakkautensa, myötätuntonsa, kärsivällisyytensä ja epäitsekkyytensä. Heidän ei koskaan, eikä mistään hinnasta pitäisi luopua näistä ominaisuuksista. Amma sanoi, että jos naiset hylkäävät naiselliset ominaisuutensa, se vain lisäisi entisestään nykyisen maailman epävakautta. "Tuleva aikakausi tulisi omistaa äidillisyyden parantavan voiman uudelleen herättämiselle." "Tämä on ainoa tapa toteuttaa unelma rauhasta ja harmoniasta."

Jaipurissa 2008, Amma jatkuvasti pahoitteli miesten ja naisten välisen rakkauden ja keskinäisen kunnioituksen rappeutumista ja kannusti korjaamaan asian maailman rauhan ja harmonian säilyttämiseksi. "Miesten ja naisten pitäisi liittyä yhteen pelastaakseen yhteiskuntamme sekä tulevat sukupolvet valtavalta katastrofilta. Sen sijaan tilanne on tänä päivänä kuin kaksi raskaassa lastissa olevaa kulkuneuvoa ajaisivat toisiaan kohti ilman että kumpikaan on valmis väistämään."

Ja edelleen: "Jotta tulevaisuus olisi kaunis, hyväntuoksuinen, täyteen kukkaan puhjennut kukka, täytyy naisten ja miesten yhdistyä kaikilla tasoilla. Niiden, jotka toivovat maailmaan rauhaa ja tyytyväisyttä on otettava tämä huomioon nyt, tällä hetkellä. Lupaavan tulevaisuuden eteen, miesten ja naisten on yhdistyttävä sekä älyn, että mielen tasolla. Emme voi enää odottaa. Mitä kauemmin pitkitämme asiaa, sitä pahemmaksi käy maailman tila."

Amma myös antoi tiettyjä esimerkkejä naisten sorrosta ja hyväksikäytöstä. Erityisiksi ongelmiksi hän nimesi prostituution, nettipornon, myötäjäiskäytännön, avioerot ja tyttölasten murhat.

Amma toisti vuoden 2002 puheen ajatuksia, edelleen painottaen sitä, miten tärkeää naisten on perustaa elämänsä äidillisyyteen liittyville ominaisuuksille, eikä hakea niinkään ulkoista vaan sisäistä tasa-arvoa. "Kaikella on oma ominainen luontonsa.., Auringon luontainen ominaisuus on valo, aallot ovat meren ja viileys tuulen. Sisäinen luonto tekee peurasta rauhallisen ja leijonasta julman. Samoin sekä naisilla että miehillä on omat ainutlaatuiset ominaisuutensa, jotka erottavat heidät toisistaan. Niitä tulisi vaalia, eikä missään tapauksessa hylätä."

Amma päätti puheensa osoittamalla sanansa suoraan naisille: "Naisilla on jo kaikkea sitä mitä he tarvitsevat loistaakseen yhteiskunnassa. Nainen on virheetön. Hän on kaikin tavoin täydellinen. Silloin kun miehet yrittävät vähätellä heitä, heidän ei pitäisi murtua, eikä koskaan uskoa että he ovat vähempiarvoisempia kuin miehet. Naiset ovat synnyttäneet joka ikisen miehen tässä maailmassa. Ole ylpeä tästä ainutlaatuisesta siunauksesta ja kulje eteenpäin uskoen sisäsyntyiseen voimaasi. Sinun ei koskaan pidä uskoa olevasi

Konferenssin aikana Amma tapasi noin kolmekymmentä nuorta johtohahmoa. Osa heistä oli maista jotka ovat tälläkin hetkellä konfliktialueita kuten: Afganistan, Irak, Pakistan, Intia, Sri Lanka, Tiibet, Nepali, Kamputsea, Laos, Taiwan, Etelä-Afrikka, Nigeria, Meksiko, Israel ja Palestiina.

heikko kuin karitsa, vaan aina ajatella että olet naarasleijona."

Amman lopetettua, häntä pyydettiin tapaamaan kolmeakymmentä nuorta johtohahmoa. Osa heistä tuli maista jotka ovat tälläkin hetkellä konfliktialueita kuten: Afganistan, Irak, Pakistan, Intia, Sri Lanka, Tiibet, Nepali, Kamputsea, Laos, Taiwan, Etelä-Afrikka, Nigeria, Meksiko, Israel ja Palestiina.

Tämän yhteydessä Joan Brown Campbellin (Maailman kirkkojen neuvoston USA:n jaoston johtaja) esitti Ammalle pyynnön: "Amma, toivomme että yksi tämän tapaamisen tuloksista olisi useiden eri maiden naispuolisten henkisten johtajien neuvoston luominen. Toivomme että jos perustamme tällaisen neuvoston, voisimme olla se paikka mihin ihmiset tulisivat hakemaan viisautta naisilta. Sinä ehdottomasti voisit olla se henkilö joka parhaiten kykenisi antamaan tuota viisautta. Amma, olisitko valmis ottamaan johtavan roolin tässä neuvostossa? Jos olisit halukas seisomaan rinnallamme, se olisi meille kunnia-asia." Mitä suurimmalla nöyryydellä Amma suostui, sanoen että hän varmastikin tekisi voitavansa.

Pastori Brown ja Dena Merriam, konferenssin perustaja ja koollekutsuja sitten esittelivät Amman erinäisille nuorille. Katsoen tarkkaan heistä jokaista, Amma kehui heidän varhaisia henkisiä taipumuksiaan ja haluaan omistautua rauhantyölle. "Jo näin nuorina he ovat heränneet ja kehittäneet henkistä tietoisuutta. Se on hämmästyttävää ja kehumisen arvoista", sanoi Amma.

Amma ehdotti, että konferenssi antaisi näiden nuorten osallistua uuteen neuvostoon. "Jos he olisivat ohjaksissa, se auttaisi kaikkia kansoja. Jos he liittyvät yhteen, se olisi kuin kaunis sateenkaari."

Painottaen, että teot ovat tärkeämpiä kuin sanat, Amma julisti nuoruuden hyveitä. "Nuorilla on energiaa kääriä hihansa ja juoksennella ympäriinsä saaden asioita aikaiseksi", Amma sanoi hymyillen. "Teidän tarvitsee vain neuvoa heitä ja jakaa kokemuksenne heidän kanssaan ja he voivat ottaa johdon. Meidän tulisi myös tukea heitä henkisisti ja älyllisesti ja antaa heille oikeita neuvoja oikeaan aikaan. Varsinkin epävakailla alueilla ihmiset todella odottavat jonkinnäköistä ohjausta. Mitä oikeasti tarvitsemme eivät ole fyysiset kohtaamiset, vaan sydänten tapaamiset. Meidän pitäisi tehdä jotakin. Tämä on se, mitä tarvitaan."

Seuraavaksi Amma muistutti nuorisoa ja konfrenssin johtajia siitä, että inhimilliset ponnistukset yksin eivät riitä. Ilman jumalallista armoa, mitkään suunnitelmat eivät tuota hedelmää. "Olkaa nöyriä", Amma sanoi. "Olkaa aloittelijoita loppuun saakka, kuten lapsi, jolla on valtavasti uskoa ja kärsivällisyyttä. Se on paras tie. Sellainen asenne meillä pitäisi olla elämää ja sen tuomia kokemuksia kohtaan. Siten opimme jatkuvasti. Kehomme ovat kasvaneet joka suuntaan, mutta mielemme eivät. Jotta mieli voisi kasvaa ja tulla suureksi kuin maailmankaikkeus, meidän on tultava lapsenkaltaisiksi."

"Joten menkää eteenpäin. Menkää omille alueillenne, tuntekaa ihmisten kärsimys ja tehkää kovasti töitä. On paljon opittavaa. Tehkäämme minkä voimme. Olkoon Jumalan armo kanssamme."

Amman näkemys naisten roolista elämän eri alueilla kuten politiikassa ja hallinnossa, osoittaa hänen universaalia näkemystään, joka on syntynyt hänen omasta ykseyden ja rauhan kokemuksestaan. Amman mukaan, se että naiset tulevat vahvemmiksi ei tarkoita miesten tylyä kohtelua ja vanhojen kaunojen takaisin maksua. Päinvastoin, Amman näkemys on anteeksiannon, yhteisymmärryksen ja rakkauden näkemys. Ainoastaan toiminta, joka perustuu näin laajaan näkemykseen voi viedä ihmiskunnan henkiselle ja materiaaliselle huipulle.

Swami Amritaswarupananda Puri
Varapuheenjohtaja
Mata Amritanandamayi Math

Naisten loppumattomat voimavarat

Sri Mata Amritanandamayi

Pidetty naisten maailmanrauhan konferenssissa

"Naiseudelle tilaa koko maailman hyväksi"

Jaipurissa, Intiassa 7.3.2008

Kaikkialla maailmassa käydään kuumia keskusteluja tasa-arvoisen aseman myöntämisestä naisille kaikilla yhteiskunnan osa-alueilla sekä miesten osakseen saaman kunnioituksen ja arvostuksen myöntämisestä myös naisille. Tämä on tervetullut merkki muutoksesta. Naiset ovat pitkään ja hiljaa kärsineet ilman tällaista vuoropuhelua. Kautta historian naiset ovat joutuneet fyysisen, henkisen ja älyllisen hyväksikäytön ja vainon kohteiksi. Sellaisissakin maissa, missä luulisi olevan edistyksellistä ajattelua ja kehitystä

15

kohdellaan naisia yhä epäoikeudenmukaisesti, vaikkakin vähemmässä määrin. Aikojen saatossa miesten on täytynyt suojella naisia fyysisesti, mutta vielä tänäänkin miehet ovat haluttomia antamaan naisille sellaisen ympäristön, olipa se sitten kotona, työpaikalla tai yhteiskunnassa, joka olisi vapaa älyllisestä ja emotionaalisesta epätasa-arvosta ja paineista. Niin kauan kuin nämä asenteet vallitsevat, ne heittävät synkän varjon miesten ja naisten välisten suhteiden sekä koko yhteiskunnan ylle.

Ilman keskinäistä kunnioitusta ja rakastavaa tunnustusta toisiaan kohtaan, miesten ja naisten elämät pysyvät erillään, kuin kaksi etäistä rantaa, joiden välillä ei ole yhdistävää siltaa. Jotta nainen voisi luoda suhteen mieheen ja mies naiseen, heidän molempien täytyy kehittää ymmärryksen taitoa, mielen kypsyyttä ja älyllistä arviointikykyä. Jos nämä puuttuvat, tulevat epäharmonia ja levottomuus vallitsemaan yhteiskunnassa. Tasa-arvo täytyy luoda mielessä. Tällä hetkellä mielissämme vallitsee epätasa-arvoiset näkemykset. Niin kauan kuin näin jatkuu, on yhteiskunta kasvussaan ja kehityksessään epätäydellinen, kuin vasta puoliksi auennut kukka. Vieroittamalla naiset taloudesta ja politiikasta hylätään puolet yhteiskunnan voimavaroista. Miesten täytyy tulla tietoisiksi siitä, miten paljon yhteiskunnallista ja yksilöllistä kehitystä tapahtuisi, jos naiset vilpittömästi otettaisiin vastaan näillä alueilla. Epäilemättä erilaiset foorumit, aivoriihet ja kampanjat ovat tarpeen, jotta kyseinen ongelma saataisiin ratkaistua. Kuitenkaan puhtaasti älylliset ratkaisut eivät voi korjata tilannetta. Päästäksemme ratkaisuun on meidän löydettävä sekä pinnallisella että syvemmällä tasolla olevat syyt.

Naiset sanovat ettei heille kotona, työpaikoilla tai yhteiskunnassa anneta heidän ansaitsemaansa statusta, huomiota tai vapautta. He sanovat, ettei heitä ainoastaan kohdella epäkunnioittavasti vaan suorastaan alentavasti. Miehet eivät mielellään kuule tätä totuutta. He kokevat, että naiset ovat saaneet liikaa vapauksia ja ovat tulleet ylimielisiksi ja jättäneet heitteille kotinsa ja lapsensa. Ennen kuin pohdimme sitä, mikä tässä näkemyksessä on oikeaa ja mikä väärää meidän tulee ymmärtää miten kyseinen asioiden tila on saanut alkunsa. Jos voimme tehdä tämän, on väärinkäsitysten oikominen helpompaa.

Menneisyyden ylimielinen asenne: "Mies on naisen yläpuolella. Nainen ei tarvitse vapautta tai tasa-arvoa", juurtui syvälle useimpien miesten mieliin. Mutta naisten näkemys on täysin erilainen. He ajattelevat näin: "Miehet ovat tarpeeksi kauan määränneet ja käyttäneet meitä hyväkseen. Olemme saaneet tarpeeksemme! Ei ole olemassa muuta keinoa, kuin antaa heille kunnon opetus."

Molemmat suhtautumistavat ovat täynnä paheksuntaa ja vihamielisyyttä. Tänä päivänä nämä tuhoisat ajatukset hallitsevat sekä naisia että miehiä. Ne kasvattavat egoa ja lisäävät ongelmia entisestään. Jotta mielemme olisivat vapaat, täytyy meidän hylätä tällainen kilpaileva, "kumpi meistä on parempi"-asenne.

Kerran vietettiin häitä. Häiden jälkeen sulhasen ja morsiamen piti virallistaa avioliitto allekirjoittamalla häätodistus. Aviomies kirjoitti nimensä ensin. Sen jälkeen oli vaimon vuoro. Heti kun vaimo oli allekirjoittanut, mies alkoi huutaa: "Se on loppu nyt...kaikki on loppu! Haluan eron välittömästi!" Rauhantuomari ja muut läsnäolijat olivat tyrmistyneitä. Tuomari kysyi: "Mistä oikein on kysymys? Haluat eron heti mentyäsi vihille? Mitä tapahtui?" Sulhanen vastasi: "Mitäkö tapahtui? Avaa silmäsi ja katso! Katso nyt minun allekirjoitustani. Ja katso sitten hänen allekirjoitustaan! Näetkö, miten valtavan kokoinen se on?" Kerrohan kirjoittaako kukaan nimeään koko sivun leveydeltä? Ymmärrän kyllä, mistä on kysymys. En ole hölmö. Yhteiselämässämme hän tulee olemaan suuri ja minä pieni. Tätä hän tarkoittaa. Unohtakoon sen! Unohdetaan koko juttu! Hän ei kyllä tule vähättelemään minua!"

Nykyisin miesten ja naisten yritys kävellä käsi kädessä horjuu jo ensi askelilla. Naiset kyseenalaistavat yhteiskunnan laatimat säännöt ja käytännöt. He ovat alkaneet herätä ja kehittyä, mutta totuttujen asenteiden ja perinteiden ansiosta miehet eivät salli heidän nousta.

"Me olemme antaneet naisille vapauden", sanovat miehet. Mutta millaisen vapauden?

Mies antoi ystävälleen kallisarvoisen jalokiven. Mutta jo saman tien hän alkoi surra: "Mikä vahinko. Ei olisi pitänyt antaa sitä pois." Hän ei ainoastaan jatkanut asian katumista ja hautomista vaan alkoi miettiä keinoja, millä saisi jalokiven takaisin. Samalla tavalla miehet suhtautuvat naisille annettuun vapauteen. Tosi asiassa vapaus ei ole jotakin, jonka miehet antavat naisille. Se on heidän syntymäoikeutensa. Miehet ovat kaapanneet sen itselleen ja omineet sen.

Menneisyydessä miehillä oli vapaus ja lupa tehdä mitä tahansa aivan kuin he olisivat olleet ainoita, jotka tekivät työtä. Koska taloudellinen ja muukin valta oli heidän käsissään, he käyttivät valtaansa riistämällä naisilta vapauden. Sitten he jatkoivat toimiaan, pitäen vankilan avainta hallussaan. Mutta nyt on tilanne toinen. Vaikka ovet olisivatkin lukossa, naiset avaavat ne sisäpuolelta pyrkiessään vapauteen. Nykypäivänä naiset ovat koulutettuja, he käyvät työssä ja heillä on keinot seisoa omilla jaloillaan. Miesten on ymmärrettävä, että ajat ovat muuttuneet.

Aiemmin naisten vapautta rajoittivat yhteisön laatimista rajoituksista muodostuneet kalterit. Heidän täytyi tottelevaisesti seurata useita sukupolvia vallinneita käytäntöjä: "Kunnioita miehiä. Älä kysele. Tee kuten käsketään". Sellaisia sääntöjä naiset pakotettiin tottelemaan. Tällaisen sorron vuoksi he eivät kyenneet ilmaisemaan itseään. Ruukkukasvi, esimerkiksi bonsai, ei tuota kukkaa tai hedelmää. Eikö se olekin vain koriste-esine? Samalla lailla naiset nähtiin ainoastaan miesten nautinnon ja onnellisuuden lähteinä. Nainen oli kuin rumpu, jota rummutettiin miehen musiikin tahdissa.

Kerran eräs toimittaja matkusti vieraaseen maahan saadakseen aineksia tarinaa varten. Hän pisti merkille kaupungin kadulla liikkuvan ihmisryhmän. Miehet kävelivät edellä, naisten seuratessa perässä kantaen lapsia käsivarsillaan ja raskaita taakkoja olkapäillään. Missä tahansa hän matkustikin kyseisessä maassa, toimittaja kohtasi saman näkymän. "Tämä on kauheaa", hän ajatteli. "Ovatko miehet täällä noin vanhanaikaisia?".

Muutaman kuukauden kuluttua kyseisessä maassa puhkesi sota. Ymmärtääkseen sodanaikaisia olosuhteita, toimittaja vieraili maassa uudelleen. Tällä kertaa hän näki päinvastaista. Nyt naiset kulkivat edellä ja miehet perässä, kantaen sekä lapsia, että tavaroita. Iloissaan toimittaja ajatteli: "Minkä uskomattoman muutoksen sota onkaan saanut aikaan!" Hän oli kysymässä eräältä naiselta syytä muutokseen, kun hän kuuli räjähdyksen. Eräs naisista oli astunut miinaan ja kuoli välittömästi. Hänen haastattelemansa nainen sanoi: "Näetkö nyt muutoksen? Tämä on vain yksi uusi keino, jonka miehet ovat keksineet itsensä suojelemiseksi!"

Tämä on vain esimerkki. Kunpa tällaista tilannetta ei tulisi koskaan. Kaikki ajattelevat ainoastaan omaa turvallisuuttaan. Totta kai miesten pitäisi olla onnellisia, mutta ei naisten onnellisuuden kustannuksella.

Joissakin maissa tavattiin jopa uskoa, ettei naisilla ole sielua. Jos mies tappoi oman vaimonsa, häntä ei siitä rangaistu. Kuinka sieluttoman olennon tappamista voitaisiinkaan pitää rikoksena?

Sukupolvien ajan on vallinnut sellainen käsitys, että "naiset ovat heikkoja ja tarvitsevat miehiä suojelemaan itseään". Yhteiskunta on antanut miehelle suojelijan roolin, mutta miehet ovat käyttäneet tätä asemaansa naisten riistämiseen. Tosi asiassa miesten ei pitäisi ajatella olevansa naisten suojelijan tai rankaisijan asemassa. Heidän pitäisi elää yhteiselossa naisten kanssa ja avoimin mielin olla valmiita päästämään naiset johtoasemaan yhteiskunnan valtavirrassa.

Monet kysyvät, miten tämä miehinen ego on oikein saanut alkunsa. *Vedantan* [filosofinen suuntaus joka käsittelee kaiken ykseyttä] mukaan kaiken syy on *maya* [harha,illuusio], mutta käytännön perustasolla saattaa esiintyä muita vaikuttimia. Muinoin ihmiset elivät metsissä asuen luolissa tai puihin rakennetuissa asumuksissa. Koska miehet ovat fyysisesti vahvempia kuin naiset, he metsästivät ja suojelivat perheitään villieläimiltä. Naiset oleskelivat kotona, pitäen huolta lapsista ja kotiaskareista. Koska miehet toivat ruokaa ja asusteisiin tarvittavia nahkoja kotiin, he alkoivat ajatella, että selviytyäkseen naiset ovat riippuvaisia heistä. Että he olivat isäntiä ja naiset palvelijoita. Tähän tapaan myös naiset alkoivat pitää miehiä suojelijoinaan. Näin kyseiset egot ovat saattaneet kehittyä.

Naiset eivät ole heikkoja, eikä heitä tulisi koskaan pitää sellaisina, mutta heidän synnynnäinen myötätuntonsa ja myötäelämisen taitonsa on usein tulkittu heikkoudeksi. Jos nainen ammentaa sisäisestä voimastaan, hänestä voi tulla miehisempi kuin mies. (Intiassa miehisiin ominaisuuksiin luetaan rohkeus, älyllinen arviointikyky ja riippumattomuus. Naisellisia ominaisuuksia taas ovat rakkaus, myötätunto ja kärsivällisyys.) Mieskunnan tulisi vilpittömästi auttaa naisia oivaltamaan ja tuntemaan piilevät voimavaransa. Jos saamme kosketuksen tuohon sisäiseen voimaan, luomme taivaan maan päälle. Sodista, kiistoista ja terrorismista tulisi loppu. Tarpeetonta sanoakaan, että rakkaudesta ja myötätunnosta tulisi olennainen osa elämää.

Amma on kuullut eräästä tapauksesta sotaa käyneessä Afrikan maassa. Lukemattomia miehiä kuoli tässä sodassa. Vaikkakin 70 prosenttia väestöstä oli lopulta naisia, eivät he menetyksistä huolimatta kadottaneet rohkeuttaan vaan liittyivät yhteen. Yksityisesti ja ryhmissä he perustivat pienyrityksiä. He kasvattivat sekä omat lapsensa että orvot. Ennen pitkää naiset huomasivat, että heissä oli todella paljon voimaa ja että heidän asemansa oli huomattavasti parantunut. Tämä todistaa sen, että jos vain naiset niin valitsevat, heidän on mahdollista toipua sorrosta ja tulla merkittäväksi voimaksi.

Tällaisista tapauksista voidaan päätellä: "Jos nainen hallitsee, niin monilta väkivaltaisuuksilta ja sodilta voitaisiin välttyä. Loppujen lopuksi nainen lähettäisi omat lapsensa kuoleman kentille vain pitkään harkittuaan. Vain nainen voi ymmärtää sellaisen naisen tuskaa, joka on menettänyt lapsensa".

Jos naiset yhdistyisivät, voisivat he saada aikaan yhteiskunnassa paljon kaivattuja muutoksia. Mutta myös miesten täytyy tukea heidän yhdistymistään. Miesten ja naisten pitäisi liittyä yhteen pelastaakseen yhteiskuntamme sekä tulevat sukupolvet valtavalta katastrofilta. Ammalla on tämä sanottavanaan. Sen sijaan tilanne on tänä päivänä kuin kaksi raskaassa lastissa olevaa kulkuneuvoa ajaisivat toisiaan kohti ilman että kumpikaan on valmis väistämään.

Naisten ja miesten asenteissa, lähestymista-voissa ja toimissa on ollut eroja aikakaudesta, paikasta ja kulttuurista riippuen. Siitä huolimatta kaikkina aikoina on elänyt rohkeita naisia, jotka mursivat kahleensa saaden aikaan vallankumo-uksia. Intialaiset prinsessat kuten Rani Padmini, Hathi Rani, Mirabai ja Jhansi Rani olivat sellaisia urheita ja nuhteettomia esikuvia.

Samanlaisia naiseuden helmiä on ollut muissakin maissa. Esimerkkeinä heistä Florence Nightingale, Joan of Arc ja Harriet Tubman. Aina kun tilanne on sen sallinut, naiset ovat ylittäneet miehet kaikilla alueilla. Naisilla on siihen tarvittavat kyvyt ja voimia.

Naisessa on näkymätöntä voimaa. Jos hän vain murtautuisi vapaaksi mielensä ja tuntei-densa pimeästä vankisellistä, voisi hän kohota vapauden äärettömälle taivaalle.

Olipa kerran kotkanpoikanen, joka jotenkin päätyi elämään kanalaumassa. Emokana kasvatti sen samaan tapaan kuin omatkin poikasensa. Kananpoikien tavoin kotkakin oppi etsiskelemään matoja maasta. Siten kotka kuvitteli itsensä kanaksi, olematta tietoinen omasta kyvystään lentää ja liidellä ilmassa. Eräänä päivänä toinen kotka näki sen kanojen seurassa. Sen ollessa yksin "taivaskotka" lähestyi "kanakotkaa" ja vei sen järvelle. "Taivaskotka" sanoi: "Lapseni, etkö tiedä kuka oikein olet? Katso nyt minua ja katso omaa kuvajaistasi vedestä. Kuten minäkin, sinä myös olet kotka. Voit lennellä taivaalla. Et ole maan pinnalle kahlittu kana". Vähitellen kotka sitten oivalsi oman voimansa ja pian se levitti siipensä ja lensi taivaalle.

Laaja taivas on kotkan syntymäoikeus. Samaan tapaan naisella on kyky lentää voiman ja vapauden avaralle taivaalle. Mutta ennen kuin tästä vapaudesta voi tulla totta, naisen pitää itse yrittää valmistautua siihen. Hänen esteinään ovat käsitykset hänen omasta voimattomuudestaan ja siitä että hän olisi täynnä lukuisia rajoituksia ja heikkouksia. Aluksi hänen täytyy päästä eroon tällaisesta ajattelusta. Sitten muutos tulee tapahtumaan itsestään. Hänen ei kuitenkaan tulisi sekoittaa henkistä vapautta kehon vapauteen. Kaikesta huolimatta Amma haluaa sanoa, että naisten pitäisi luopua taipumuksesta löytää vikaa miehistä. Miehet tarvitsevat naisten fyysistä ja henkistä tukea. Yleisesti ottaen on tosiasia, ettei miehillä ole kovin korkeaa käsitystä naisista. Miehiä ei kuitenkaan voi yksinomaan tästä syyttää. Ikiaikaiset perinteet ja ne olosuhteet, missä heidät on kasvatettu ovat iskostaneet heihin nämä asenteet. Jos esimerkiksi amerikkalainen tulee Intiaan ja hänen käsketään luopua haarukasta ja veitsestä ja syödä käsin, hän ei pystyisi siihen heti. Samanlaisia ovat totutut tavat; voi olla vaikeaa muuttua niin nopeasti. Välittömän muutoksen odottaminen miehiltä olisi yhtä kohtuutonta. Heitä johtaa heille tuntematon mielenlaatu. Jos joku kaatuu norsun eteen, se nostaa jalkansa astuakseen hänen päälleen. Jopa elefantin poikanen tekee tämän. Sellaisia ovat synnynnäiset taipumukset. Sen sijaan että syyttäisimme miehiä, meidän tulisi kärsivällisesti ja rakastavasti yrittää vähitellen muuttaa heitä.

Jos yritämme pakottaa nupullaan olevan kukan terälehtiä avautumaan, kukan kauneus ja tuoksu menetetään. Meidän pitää antaa sen puhjeta kukkaan itsestään. Samoin miesten tuomitseminen tai nopean muutoksen vaatiminen ja heidän painostamisensa vaikuttaisi epäsuotuisasti perheeseen sekä miesten ja naisten sosiaaliseen elämään. Miesten tulisi ymmärtää naisten mieltä ja päinvastoin.

"Meidän pitää raivata tietä eteenpäin", on useiden naisten motto. On totta, että naisten pitää mennä eteenpäin, mutta heidän on myös katsottava taakseen hylkäämättä vanhemman velvollisuuksia ja ajateltava lasta, joka seuraa heidän jalanjäljissään. Vähintäänkin lastensa takia äidillä pitäisi olla ainakin jonkin verran kärsivällisyyttä. Ei riitä, että äiti antaa lapselle sijan kohdussaan, hänen täytyy myös antaa sille tilaa sydämessään.

Tulevaisuuden yhteiskunnan eheyden, kauneuden ja suloisuuden tulisi ilmentyä sen äideissä. Äiti on ensimmäinen opettaja. Niinpä hän on se henkilö, joka voi eniten vaikuttaa lapseensa. Lapsi jäljittelee äitiä kaikessa. Äidin rintamaito tekee paljon muutakin kuin vain ravitsee kehoa. Se kehittää lapsen mieltä, älyä ja sydäntä. Samaan tapaan ne elämänarvot, jotka äiti siirtää lapselleen antaa sille voimia ja rohkeutta tulevaisuudessa. Koska naiset ovat synnyttäneet ja kasvattaneet miehet, kuinka he eivät voisi olla samanvertaisia heidän kanssaan? Jos vain äidit heräisivät tekemään töitä sen eteen, olisi mahdollista, että uusi rakkauden, myötätunnon ja vaurauden täyteinen aikakausi koittaisi.

Kauan sitten eräs raskaana oleva kuningatar kutsui synnytyskipujen alkaessa astrologin paikalle. Tämä ennusti: "Muutaman tunnin kuluttua alkava ajanjakso on kaikkein suotuisin synnytykselle. Jos lapsi syntyy silloin, tulet saamaan pojan, jossa ilmenevät kaikki jalot luonteenpiirteet. Hän tulee olemaan siunaukseksi maalle ja sen ihmisille". Tämän kuultuaan kuningatar sidotutti itsensä roikkumaan katosta pää alaspäin ja kädet maata hipoen. Tietääkseen milloin suotuisa aika saapuisi, hän otti kellon lähelleen. Hetken koittaessa kuningatar neuvoi ystäviään valmistamaan hänet synnytykseen. Hän synnytti täsmälleen oikean ajan koittaessa. Vapaaehtoisesti kärsimiensä vaurioiden takia kuningatar kuoli. Myöhemmin hänen pojastaan tuli kuningas, joka väsymättömästi teki töitä maansa ja sen kansalaisten hyvinvoinnin eteen. Hän rakennutti lukemattomia, erityisen kauniita temppeleitä. Maa kukoisti ja ihmiset olivat rauhallisia, tyytyväisiä ja onnellisia.

Tänä päivänä ihmiset ajattelevat ainoastaan sitä, mitä voivat saada. Meidän ei pitäisi ajatella, mitä voisimme saada, vaan mitä me voisimme antaa yhteiskunnan hyväksi.

Naisten sisäinen voima virtaa kuin joki. Jos joki matkallaan kohtaa vuoren, se virtaa sen ympäri. Se virtaa kiviröykkiöiden läpi. Joskus se jopa virtaa niiden alta tai niiden yli. Tällä tavalla naisellisella voimalla on kyky kulkea kohti päämäärää ja mennä yli kaikkien kohtaamiensa esteiden. Miesten pitää olla valmiita antamaan naisten sisäiselle voimalle se arvostus, jonka se ansaitsee. Yhteiskunnan kokonaisvaltaisen kasvun eteen miesten pitäisi avoimin mielin hyväksyä naiset ja rohkaista heitä.

Menneisyydessä miehet olivat kuin yksisuuntaisia, yksikaistaisia teitä. Nyt heistä täytyy tulla moottoriteitä. Heidän ei ainoastaan pitäisi helpottaa naisten etenemistä, vaan myös antaa heille tietä. Miehillä on enemmän lihasta ja fyysistä voimaa kuin naisilla. Sen sijaan, että käyttäisivät voimiaan naisten alistamiseen, he voivat käyttää sitä heidän tukemiseensa. Yritysten pitäisi neuvotella johtoasemien antamisesta myös naisille. Meidän tulisi kuitenkin pitää mielessä, että tasa-arvo ei ole yhtä kuin valta tai asema. Se on mielen tila.

Sekä naisten että miesten tulisi pitää sydäntä ja älyä samanarvoisina. Heidän pitäisi olla esimerkkeinä toisilleen ja pyrkiä työskentelemään tavalla, joka yhdistäisi älyn ja sydämen. Silloin tasavertaisuus ja sopusointu tulisivat luonnostaan. Tasa-arvo ei ole ulkoista. Kana ei voi kiekua kuin kukko. Mutta voiko kukko munia? Vaikkakin ulkoisia eroavaisuuksia esiintyisi, on mahdollista

olla yhtä mielen tasolla. Sähkövirta ilmenee
jääkaapissa kylmyytenä, lämmittimessä lämpönä
ja lampussa valona. Televisiossa ei ole samoja
ominaisuuksia kuin lampussa, eikä lampussa ole
television. Eikä jääkaappi voi tehdä samaa kuin
lämpöpatteri ja päin vastoin. Kuitenkin kaikkien
näiden kojeiden lävitse kulkeva sähkövirta on
yksi ja sama. Samoin miesten ja naisten välillä
voi olla ulkoisia eroja, mutta sisäinen tietoisuus
on sama.

Kaikella on oma paikkansa maailmankaik-
keudessa, mikään ei ole merkityksetöntä.
Luomakunnan kaikkien ilmiöiden takana on
merkitys ja tietoisuus. Kaikella on oma ominai-
nen luontonsa: jotkut asiat ovat "isoja" ja toiset
"pieniä". Auringon luontainen ominaisuus on
valo, aallot ovat meren ja viileys tuulen. Sisäinen
luonto tekee peurasta rauhallisen ja leijonasta
julman. Samoin sekä naisilla että miehillä on
omat ainutlaatuiset ominaisuutensa, jotka erot-
tavat heidät toisistaan. Niitä tulisi vaalia, eikä
missään tapauksessa hylätä.

Nykyisissä pyrkimyksissään uhmata miehiä, jotkut naiset polttavat ja juovat miesten tapaan ja unohtavat äitiyden lahjan. Tämä ei ole pelkästään vaarallista, vaan se ei yksinkertaisesti saa aikaan haluttuja muutoksia.

Mies ei ole parempi kuin nainen, eikä nainen ole parempi kuin mies. Perustavanlaatuinen totuus on se, että luomakunnassa kukaan ei ole toista ylempänä. Antamalla ylimmän aseman ainoastaan Jumalalle, naiset ja miehet voivat tulla välineiksi kaikkivoivan palveluksessa. Tästä lähestymistavasta saa alkunsa oikea tasavertaisuus.

Tänä päivänä menneisyys ja nykyisyys törmäävät toisiinsa. Periksiantamattomien miesten yhteisö on jäänne menneisyydestä. Jotta tulevaisuus olisi kaunis, hyväntuoksuinen, täyteen kukkaan puhjennut kukka, täytyy naisten ja miesten yhdistyä kaikilla tasoilla. Niiden, jotka toivovat maailmaan rauhaa ja tyytyväisyttä on otettava tämä huomioon nyt, tällä hetkellä. Lupaavan tulevaisuuden eteen miesten ja naisten on yhdistyttävä sekä älyn, että mielen tasolla.

Emme voi enää odottaa. Mitä kauemmin pitki-
tämme asiaa, sitä pahemmaksi käy maailman tila.
Jos naiset ja miehet yhdistyisivät, saisivat he
aikaan hyvinvoivan hallinnon. Mutta tämän
tapahtumiseksi tarvitaan yhteisymmärrystä ja
avoimin sydämin käytyä vuoropuhelua. Käärmen
myrkky voi olla tappavaa, mutta siitä voidaan
myös tehdä hengen pelastavaa lääkettä. Samoin,
jos vain pystyisimme muuntamaan negatiiviset
ajatuksemme positiivisiksi ominaisuuksiksi, me
voisimme vielä pelastaa yhteiskunnan. Vain rak-
kaus voi muuttaa negatiivisten ajatusten myrkyn
taivaalliseksi nektariksi.

Rakkaus on tunne, joka on yhteinen kaikille
eläville olennoille. Se on tie, jonka naiset voivat
ottaa tavoittaakseen miehet, miehet tavoit-
taakseen naiset, molemmat luonnon ja luonto
maailmankaikkeuden. Ja se rakkaus, joka ylittää
kaikki rajat on *vishwa matrutvam* – universaali
äidillisyys.

Upein kukka, joka voi kukkia tällä planeetalla
on rakkauden kukka. Kaunis, värikäs ja tuoksuva
kukka puhkeaa luonnostaan, jopa pienestäkin

kasvista. Samaan tapaan rakkaus itää ihmis-
sydämissä, puhkeaa kukkaan ja laajenee. Sekä
miesten että naisten pitäisi sisimmässään antaa
tämän kukan kukkia.

Ei ole mitään sen syvällisempää, kuin kahden
toisiaan rakastavan sydämen voima ja rakkaus.
Täyden kuun lailla, rakkaus vilvoittaa mieltä.
Sillä on auringon loistavien säteiden kirkasta-
va vaikutus. Mutta rakkaus ei tule sydämiin
kutsumatta. Naisten sekä miesten, molempien
yhtälailla pitäisi olla halukkaita kutsumaan tämä
meitä odottava rakkaus. Vain rakkaus voi saada
aikaan pysyvän muutoksen mielen rakenteessa
ja naisten ja miesten todellisuudessa.

Jos naiset ja miehet eläisivät yhteisymmär-
ryksessä, heidän välinen vieraantumisen tunne
vähenisi. Näin yhteiskunnassa esiintyvät ongel-
mat vähenisivät. Tänä päivänä vaimo ja mies
saattavat jopa julistaa, vain uskotellakseen muille:
"Meitä yhdistää molemminpuolinen rakkaus ja
usko". Tämä on teeskenneltyä rakkautta. Rak-
kautta ei uskotella tai teeskennellä, se eletään.
Rakkaus on elämä itse.

Teeskentely on naamio. Ei ole väliä sillä, kuka sitä pitää, se täytyy poistaa. Muuten se lähtee ajan kuluessa. Ainoa ero on siinä, että roolihahmon kestosta riippuen, jotkut ottavat sen pois aiemmin, kun taas toiset vähän myöhemmin.

Kuinka rakkaudesta, joka on ihmisten sisäsyntyinen olemus ja velvollisuus, tulikaan naamio? Rakkaus on teeskentelyä silloin kun joku alentaa itsensä käyttäytymällä ilman nöyryyttä ja sovinnollisuutta. Esimerkiksi, sammuuko janosi pelkästään joen varrella seisomisesta ja sen katselemisesta? Jotta voisi sammuttaa janonsa, pitää kumartua juomaan joesta. Mitä hyödyttää seisoa rannalla ja kirota jokea. Tultuamme nöyriksi, meidän on helppo täyttyä rakkauden kristallinkirkkaasta vedestä.

Nykyisin sekä naiset että miehet ovat suhteissaan kuin salapoliiseja. Kaikki, mitä he kuulevat tai näkevät, tekee heidät epäileviksi. Tämä epäily vie heiltä terveyden ja se lyhentää elinikää. Se on vakava sairaus. Ihmiset, jotka kärsivät tästä sairaudesta menettävät kykynsä kuunnella myötätuntoisesti toistensa ongelmia.

Vaikka monet ihmissuhteet kärsivätkin, emme ole lopullisesti menettäneet rakkautta. Jos rakkaus kuolee, kuolee maailmankaikkeus. Rakkauden kuolematon hiillos kytee meissä kaikissa. Meidän on vain yksinkertaisesti puhallettava siihen niin se syttyy liekkeihin.

Näemme yhä useampien eläinlajien kuolevan sukupuuttoon. Annammeko myös ihmissydämissä olevan rakkauden kuolla sukupuuttoon? Välttääksemme rakkauden tuhoutumisen, ihmisten pitää jälleen alkaa kunnioittaa, palvoa ja uskoa jumalalliseen voimaan. Tuo voima ei ole ulkopuolella. Mutta, jotta löytäisimme sen sisältämme tulee meidän korjata näkokulmaamme. Esimerkiksi lukiessamme kirjaa, keskitymme ainoastaan sanoihin, emmekä paperiin, johon nuo sanat on siististi painettu. Paperi on vain tausta jota vasten sanat erottuvat.

Tee seuraavanlainen koe. Peitä suurehko taulu valkoisella paperilla ja tee sen keskelle pieni musta merkki. Sitten kysy paikallaolijoilta mitä he siinä näkevät. Suurin osa sanoisi todennäköisesti: "Näen mustan pisteen." Vain harvat sanoisivat: "Näen mustan merkin suurella valkoisella paperilla".

Ihmiskunta on nyt tällaisessa tilassa. Meidän on ensin ymmärrettävä, että rakkaus on elämän ydin. Tietysti meidän on lukiessamme kyettävä näkemään kirjaimet. Silti, meidän on myös näh-tävä pohjalla oleva paperi. Tänä päivänä, sen sijaan että katsoisimme sisältäpäin ulos, yritämme katsoa ulkopuolelta sisään. Näin ollen, emme kykene näkemään mitään selkeästi.

Arkisessa elämässä, tavoitellessaan rahaa, asemaa, arvostusta ja vapautta sekä naisilla, että miehillä on omat tarpeensa ja oikeutensa. He ovat valmiita tekemään paljon töitä ja käyt-tämään paljon aikaa näiden tavoitteiden eteen. Kaiken tämän ponnistelun keskellä, meidän pitäisi jossakin mielemme sopukassa muistaa tämä totuus: ilman rakkautta emme voi saada onnea tai tyydytystä kuuluisuudesta, maineesta, asemasta tai rahasta. Meidän on päättäväisesti keskitettävä mielemme, kehomme ja älymme puhtaaseen rakkauteen, joka on elämän keski-piste. On elinarvoisen tärkeää työskennellä tästä puhtaan rakkauden keskuksesta käsin. Silloin miesten ja naisten väliset eroavaisuudet tulevat esiintymään ainoastaan muodollisella tasolla ja silloin tulemme oivaltamaan, että todellisuudessa olemme yhtä.

Jaipur on ihanteellinen paikka tälle konferenssille. Tässä maanosassa on kukoistanut hieno kulttuuri. Epätavallisen rohkeita ja ylimaallisen jaloja prinsessoja on syntynyt ja elänyt täällä. Rohkeus ja mielen puhtaus ovat niitä ominaisuuksia, joita nainen, ajasta ja paikasta riippumatta tarvitsee. Jos näistä ominaisuuksista tulee hänen elämänvirtansa, silloin yhteiskunta asettaa hänet jalustalle ja asema, maine, kunnioitus ja ihailu, jotka hän ansaitsee, tulevat hänelle itsestään.

Tosi asiassa tahrattoman puhdas mieli on rohkeuden lähde ja rakkaus on se, joka puhdistaa mielen. Vain rakkaus voi vapauttaa naiset ja miehet menneisyyden pimeistä vankiloista ja saattaa heidät kohti totuuden valoa. Rakkaus ja vapaus ovat toisistaan riippuvaiset. Rakkaus voi herätä vain sydämessa, joka on vapautunut menneisyydestä. Vain siellä missä on rakkautta,

voi mieli olla vapaa ja mielen vapautuessa koittaa
elämässä täydellinen vapaus. Saavuttaaksemme
vapauden, tasa-arvon ja onnen, on meidän ihmis-
ten rakastettava toisiamme ja luontoa. Tai sitten
on pyrittävä oivaltamaan sisäinen Itsensä. On
jo korkea aika toimia. Viivyttely tässä pisteessä
on suureksi vaaraksi ihmiskunnalle.

Monet naiset tulevat itkien kertomaan
Ammalle: "Miksi Jumala loi meidät naisiksi?" Kun
Amma tiedustelee tämän kysymyksen syytä, he
vastaavat: "Miehet ahdistelevat meitä fyysisesti
ja psyykkisesti. He puhuttelevat meitä alenta-
vasti. Tämän takia alamme inhota itseämme."
Naiset kokevat, että on kirous syntyä naiseksi
ja että mieheksi syntyminen on kaikin tavoin
ylempiarvoista. Alemmuuskompleksinsa takia
heillä ei ole voimia puolustautua. Ehkäpä tällaiset
ajatukset ja kokemukset ajavat naiset tappamaan
tyttövauvoja. Ajatus siitä että saattaisivat vielä
yhden naisen tähän julmaan maailmaan, täyttää
heidät pelolla.

Myötäjäiskäytäntö on laiton, mutta tämä tosiasia ei ole vähentänyt niitä rahasummia jotka vaihtavat käsiä naimakaupoissa.

Kuinka voisimme lopettaa tämän käytännön, joka vahvistaa käsitystä siitä, että nainen olisi toisen luokan kansalainen ja puutteellinen mieheen verrattuna? Kuinka ne köyhät perheet, joilla on vaikeuksia edes kunnollisten vaatteiden hankkimisessa, voisivat uneksiakaan hankkivansa tarpeeksi rahaa myötäjäisiin. On naisia, jotka tappavat vastasyntyneet tyttölapsensa pelkästään tästä syystä.

Suoraan sanottua, avioerolait Intiassa eivät suosi naisia. Avioerotapausten tullessa oikeuden käsittelyyn, niistä tulee varsinaisia sotia. Jopa nykyään pitkä viivyttely viivästyttää erojen käsittelyä vuosilla. Loppujen lopuksi nainen harvoin tulee näkemään 400-500 rupiaa (noin kymmentä euroa) suurempaa summaa kuukaudessa. Eron jälkeen ne naiset, joilla on lapsia, joutuvat yksin vastuuseen heidän elättämisestään. Heille annettu nimellinen summa riittää hädin tuskin viikon ruokiin. Tämän seurauksena, joillakin

naisilla ei ole muuta mahdollisuutta kun alkaa
harjoitaa prostituutiota. Amma on itse kuivan-
nut monen sellaisen naisen kyyneleitä, jotka
on pakotettu elämään kaksoiselämää, asuen
vuorotellen kotona ja ilotaloissa. Toiset yrittävät
saada töitä kotiapulaisina. Mutta silloin he jou-
tuvat kestämään hyväksikäyttöä työnantajiensa
käsissä, jotka kuin korppikotkat käyvät heidän
avuttomien kehojensa kimppuun. Lopulta myös
he kääntyvät prostituutioon. Heidän lapsensa
seuraavat heidän jalanjäljissään. Jo hyvin nuorina
he joutuvat ilotaloihin. Pian heidätkin pakote-
taan synnyttämään. Heidän isäntänsä pitävät
näitä nuoria naisia pankkivankeinaan uhaten:
"Jos lähdet täältä, et enää näe lastasi koskaan."
Tähän tapaan heidät pakotetaan jatkamaan.

Länsimaissa naiset tiedostavat paremmin
tekojensa mahdolliset seuraukset ja he käyttävät
tarvittavia varokeinoja, mutta Intiassa naiset
joutuvat lukuisten sukupuolitautien uhreiksi,
jotka tekevät heidän elämästään helvetin. Koko
tämä noidankehä lähtee siitä, että mies ei kun-

nioita naisia, josta puolestaan seuraa naisten alemmuuskompleksi.

Toinen nykyajan ongelma on se, että raiskaukset lisääntyvät kaiken aikaa. Jotkut sanovat että syynä siihen on se, että nykymaailman naiset pukeutumisellaan yllyttävät siihen. Mutta tämä ei ole aivan totta, sillä entisaikaan joillakin alueilla Intiassa naiset eivät edes pitäneet paitoja. He verhosivat itsensä vain yhdellä vaatekappaleella. Oli epätavallista nähdä näiden naisten käyttävän edes huivia. Silti noina päivinä kuultiin vain harvoin raiskauksista. Miksi? Siksi että henkisillä arvoilla oli vahva vaikutus jokapäiväisessä elämässä ja ihmiset olivat tietoisia dharmasta; he toimivat kokonaisvaltaisen kunnioittavasti ja huolehtivasti koko ihmiskuntaa kohtaan. Liikennevalojen ja valvontakameroiden ansiosta ihmisten on pakko noudattaa nopeusrajoituksia. He tietävät, että jos rikkovat nopeusrajoituksia liian usein, he menettävät ajokorttinsa. Samaan tapaan, kauan sitten, edes nälkiintynyt ihminen ei varastanut, koska oikeat arvot olivat hänessä niin syvään juurtuneet. Vaikka miehet tunsivatkin

vetoa naisiin, he hillitsivät itsensä. Tietoisuus
dharmasta ja sitä seuraava pelko pitivät heidät
aisoissa.

Tietotekniikan kehitys on hyödyttänyt yhteis-
kuntaa suuresti. Mutta koska ihmiset käyttävät
internettiä ja televisiota harkitsemattomasti,
niistä on tullut vain yksi uusi yllytin raiskauksiin
ja poikkeavaan käyttäytymiseen. Kuka tahansa
pääsee käsiksi asiattomille sivustoille. Ne herät-
tävät ihmisissä eläimellisiä taipumuksia. Monet
Persianlahden maat ovat panneet käytäntöön
ankaria toimenpiteitä estääkseen pääsyn täl-
laisille sivuille. Myös Intiassa pitäisi harkita
samanlaista käytäntöä. Jotkut saattavat sanoa:
"Vapaus kuuluu kaikille! Valinnanvapaus on
syntymäoikeutemme" tai: "Se kuuluu nykyiseen
koulutukseen." Mutta, jos tällaisten väittämien
rauhoittamiseksi jätämme asettamatta rajoituk-
sia, tulevat sukupolvemme tuhoutuvat. Heidän
verensä tulee olemaan meidän käsissämme.

Elämässä *artha* ja *kama* - rahan tienaaminen
ja halujen täyttäminen eivät pelkästään riitä.

Ennen kaikkea on oltava tietoinen dharmasta, oikeudellisuudesta.

Ennen lopettamistaan, Amma haluaisi antaa joitakin ehdotuksia, joiden hän ajattelee helpottavan naisten kärsimyksiä nykyisessä yhteiskunnassa:

1. Tyttölasten tappaminen on lailla rankaistava teko, mutta näitä lakeja ei käytännössä valvota. Hallituksen on varmistettava, että ne jotka rikkovat näitä lakeja joutuvat oikeuden eteen ja vastaamaan teoistaan oikeudessa.

2. Naisten, joilla on tietämystä, koulutusta ja taloudellista vaurautta, pitäisi auttaa kohottamaan kouluttamattomia ja köyhiä naisia. Kuitenkin, kaikkien näiden pyrkimysten tulisi pitää tärkeinä arvoja ja kulttuuria, eikä koskaan kyseenalaistaa kylien uskomuksia ja uskontoa.

3. Jotta naisten ja miesten välinen tasa-arvo toteutuisi, on ehdottoman tärkeää, että naiset tulevat taloudellisesti itsenäisiksi. Tätä varten tarvitaan koulutusta. Vanhempien pitäisi vannoa varmistavansa, että heidän tyttärensä saavat

mahdollisimman paljon koulutusta ja että he voivat seisoa omilla jaloillaan. Ja koska ikä ei ole este koulutukselle, naisten pitäisi yhdessä miettiä uusia tapoja lukutaidottomien naisten kouluttamiseksi.

4. Aina uuden tyttölapsen syntyessä valtion tulisi tallettaa rahaa hänen nimiinsä ja sitten kun hän on tullut naimaikään, voi hän nostaa tarvittavat varat. Tämä käytäntö vähentäisi tyttölasten murhia.

5. Olisi mukavaa jos useampia järjestöjä perustettaisiin ei-haluttuja tyttövauvoja varten. Eräs tällainen järjestö on nimeltään "Äidin kehto". Näiden järjestöjen tunnettavuutta yhteiskunnassa tulisi edistää.

6. Mihin aikaan tahansa yöstä, naisten tulisi voida kävellä pelotta yksin. Miesten pitäisi aidosti pyrkiä siihen että tämä kävisi toteen.

7. Sanskritin kielessä sana myötäjäisille on *stri dhanam*. *Stri* tarkoittaa naista ja *dhanam* vaurautta. Niiden miesten, jotka ahneesti ajattelevat myötäjäisiä pitäisi ymmärtää, että stri

on dhanam. Nainen on se vauraus, minkä he saavat avioliitossa.

8. Yhtä tärkeää, kuin on antaa tytöille hyvä koulutus, ovat myös tiedostamiskampanjat pojille. Vielä kun he ovat nuoria, heidän täytyy oppia ymmärtämään kaikessa syvyydessään, että naiset eivät ole kauppatavaraa, eivätkä miesten potkittavissa olevia palloja. Nainen on Äiti, kunnioituksen ja palvonnan arvoinen.

9. Intiassa avioerojen määrä on nousussa. Lännessä, kun pariskunta eroaa, miehen yleensä on maksettava elatusmaksua siihen saakka kunnes nainen menee uusiin naimisiin. Mutta Intiassa sellaista systeemiä ei toteuteta. Tämä asia on korjattava.

10. Naisten pitäisi yrittää saada miehet mukaan naisten ja miesten välisen tasa-arvon aikaansaamiseksi.

11. Tiettyyn rajaan saakka miehet ovat onnistuneet sen virheellisen käsityksen edistämisessä, että naisilla ei ole voimaa tai rohkeutta. On aika osoittaa tämä uskomus vääräksi, vaikkakaan ei haastamalla ketään tai kilpailemalla miesten

kanssa. Kaikilla naisilla on synnynnäisenä ominaisuutena puhdas äidillisyys, joka ei pelkää edes kuolemaa. Ja sillä järkkymättömällä itseluottamuksella, joka valmistaa hänet synnyttämään uuden luontokappaleen nainen jatkuvasti osoittaa maailmalle, että hän on voiman ja rohkeuden ruumiillistuma.

Jos väität lääkärille, ettei hänellä ole tohtorin arvoa, mitätöikö se millään tavalla hänen arvonimeään? Samoin naisilla on jo kaikkea sitä mitä he tarvitsevat loistaakseen yhteiskunnassa. Nainen on virheetön. Hän on kaikin tavoin täydellinen. Silloin kun miehet yrittävät vähätellä heitä, heidän ei pitäisi murtua, eikä koskaan uskoa että he ovat vähempiarvoisempia kuin miehet. Naiset ovat synnyttäneet joka ikisen miehen tässä maailmassa. Ole ylpeä tästä ainutlaatuisesta siunauksesta ja kulje eteenpäin uskoen sisäsyntyiseen voimaasi. Sinun ei koskaan pidä uskoa olevasi heikko kuin karitsa, vaan aina ajatella että olet naarasleijona.

Ihmisen itsekkyyden ja egotistisuuden täyttämät ulkoiset silmät ja korvat ovat aina avoimet, mutta ne sisäiset silmät, joita tarvitaan näkemään muiden surut, ja sisäiset korvat joita tarvitaan myötätuntoisesti kuuntelemaan kärsivien tarinoita, pysyvät suljettuina. On syvältä Amman sydämestä lähtevä rukous, että tähän sydäntäsärkevään asioiden tilaan tulisi nopea muutos. Voisimmepa kaikki kuunnella, välittää ja keksiä vastauksia toisten ongelmiin. Rukoilkoot kaikki toisilleen onnea ja rauhaa. Amma uhraa nämä rukoukset Paramatmanille, korkeimmalle Itselle.

| | Om Lokah Samastah Sukhino Bhavantu | |

9781680373660